77 super Suppen

Elisabeth Bangert

EDITION XXL

Vorwort

Es gibt Tage, da hat man so richtig Lust zum Kochen. Was spricht dagegen, wenn man einen solchen Tag einfach mal nutzt und einen großen Topf Suppe auf Vorrat kocht? Mit einem schönen Stück Suppenfleisch und viel Gemüse hat man schon die notwendigen Grundlagen geschaffen.

In China besitzen Suppen einen viel höheren Stellenwert, es gibt dort über 1000 Variationen! So kommt es nicht von ungefähr, dass heute auch bei uns immer mehr Suppenküchen zu finden sind.

Eine leckere Suppe ist für mich ein Genuss! Manchmal kann ich dafür sogar auf das Hauptgericht verzichten. Im Winter eine heiße Suppe – einfach herrlich. Eine wärmende Suppe zu löffeln ist ein Genuss für Körper und Seele. Und dann z. B. eine Hackfleischsuppe als „Mitternachtssuppe"! Wetten, dass Ihre Gäste genussvoll löffeln? Suppen schmecken nicht nur in der kalten Jahreszeit. Im Sommer „nur" eine Suppe – oft reicht das völlig aus.

Wenn Sie Suppen auf Vorrat kochen, lassen sich diese sehr gut vorbereiten und sind dann schnell fertig. Die meisten Suppen können Sie auch hervorragend – z. B. portionsweise in Schalen – einfrieren und bei Bedarf in jeder beliebigen Menge herausnehmen. Super – mit in die Firma genommen und in der Kantine nur noch heiß gemacht, vielleicht noch ein Würstchen oder ein Brötchen dazu, und schon hat man das perfekte Mittagessen.

Bei Suppen sind der Fantasie keine Grenzen gesetzt. Probieren Sie die Rezepte doch einfach mal aus.

Ihre
Elisabeth Bangert

Inhaltsverzeichnis

Gemüsebrühe

Grundrezept:

2 Stangen Staudensellerie
½ Sellerieknolle
5 Karotten
1 kleiner Blumenkohl
2 Zwiebeln
4 Tomaten
3 EL gehackte frische Kräuter
(Kerbel, Basilikum, Bohnenkraut,
Liebstöckel, Petersilie o. Ä.)
2 l Wasser
5 schwarze Pfefferkörner
1 Lorbeerblatt
2 EL Butter
Salz
Pfeffer

1. Den Staudensellerie waschen und in kleine Stücke schneiden. Die Sellerieknolle und die Karotten waschen, schälen und würfeln. Den Blumenkohl in kleine Röschen zerteilen, vorhandene Blattteile mit einem spitzen Messer entfernen, den Blumenkohl waschen. Die Zwiebeln schälen und vierteln. Die Tomaten waschen und vierteln.

2. Das vorbereitete Gemüse ohne die Tomaten in einen großen Topf geben und mit 2 l Wasser aufgießen. Zum Kochen bringen, die Temperatur reduzieren und das Gemüse ca. 1 bis 1 ½ Stunden köcheln lassen.

3. In der Zwischenzeit die Kräuter waschen, trockenschütteln und klein schneiden.

4. Etwa 30 Minuten vor Ende der Garzeit die Tomaten, die Pfefferkörner, das Lorbeerblatt und die Kräuter zu der Gemüsebrühe geben und mitköcheln lassen.

5. Die Gemüsebrühe durch ein Sieb in einen zweiten Topf schütten. Mit Salz und Pfeffer abschmecken und mit der Butter verfeinern.

Tipp: Diese Gemüsebrühe eignet sich auch hervorragend als Diätkost.

Suppeneinlagen

Einige schöne Stücke des zum Kochen der Brühe verwendeten Gemüses können als Suppeneinlage verwendet werden. Die Suppe wird dadurch kräftiger und schmackhafter.

Eierstich ist eine preiswerte Suppeneinlage:

2 Eier in eine Schüssel geben und mit 125 ml Milch aufschlagen. Mit Salz, Pfeffer und Muskat würzen. Eine Auflaufform mit Deckel ausbuttern, die Masse einfüllen und in der Mikrowelle bei 600 Watt ca. sieben Minuten stocken lassen. Abkühlen lassen, auf ein Brett stürzen und in kleine Würfel, Rauten oder andere Formen schneiden.
Erst unmittelbar vor dem Servieren in die heiße Brühe geben.

Grießnockerl für etwa 1 Liter Brühe:

¼ l Milch, 1 EL Butter und 1 TL Salz zum Kochen bringen.
100 g Weizengrieß unter ständigem Rühren einstreuen und so lange weiterrühren, bis sich die Masse vom Topfboden löst.
Den Topf von der Platte nehmen, ein Ei einrühren und die Masse abkühlen lassen. Nach dem Abkühlen noch ein Ei in den Brei rühren.
Mithilfe von zwei Teelöffeln kleine Portionen aus der Breimasse abstechen und sofort in die köchelnde Brühe geben.
Etwa 10 Minuten ziehen lassen.

Leberknödel für etwa 1 Liter Brühe:

Ein altbackenes Brötchen in heißem Wasser einweichen. Eine Zwiebel schälen und in feine Würfel schneiden. 400 g frische Leber im Fleischwolf oder Mixer zerkleinern (gibt es auch beim Metzger fertig zu kaufen) .
Die Leber mit den Zwiebelwürfeln, ½ TL frisch gehacktem Majoran, 1 EL frischer gehackter Petersilie, einem Ei und dem gut ausgedrückten Brötchen in eine Schüssel geben. Das Ganze gut verrühren und mit Salz und Pfeffer abschmecken.
Mit nassen Händen gleich große Klöße formen und in die köchelnde Brühe einlegen.
Die Temperatur reduzieren und je nach Größe der Leberknödel ca. 15 bis 20 Minuten bei halb geschlossenem Deckel ziehen lassen.
Mit frisch gehackter Petersilie bestreut servieren.

Kalbsnocken für etwa 1 Liter Brühe:

100 g Kalbshackfleisch mit 100 g grobem Bratwurstbrät, einem Ei, 1 EL süßer Sahne und 1–2 EL Paniermehl gut mischen.
Drei Zweige frische Petersilie waschen, trockenschütteln, die Stiele entfernen und die Blätter fein schneiden. Die Petersilie in den Fleischteig kneten und mit Salz, Pfeffer und Muskatnuss würzen.
Nach und nach den Fleischteig auf eine Handfläche geben und mit einem Teelöffel Nocken in die heiße Brühe streifen. Etwa acht Minuten ziehen lassen. Die Brühe darf nicht mehr kochen.

Hühnerbrühe

Eine Hühnerbrühe ist eine preiswerte Basis für eine gute, geschmackvolle Suppe. Das gekochte Hühnerfleisch kann entweder klein geschnitten in die Brühe gegeben oder auch zum Beispiel für ein Hühnerfrikassee oder einen Geflügelsalat weiterverarbeitet werden.

Vor dem Kochen sollte man entscheiden, wie das Hühnerfleisch später verwendet werden soll. Wer mehr Wert auf die Brühe legt, gibt das Huhn zum Kochen in kaltes Wasser. Möchte man einen Geflügelsalat machen, legt man es in kochendes Wasser. Die Fleischporen schließen sich schneller und das Fleisch bleibt deshalb saftiger.

Zutaten
klare Hühnerbrühe

1 Hähnchen (1 300 g) oder eine Poularde oder ein Suppenhuhn, alternativ kann man auch Hühnerklein (Flügel, Hals, Magen, Herz) verwenden. Bei Hühnerklein verringert sich die Kochzeit.
1 Stange Lauch
3 Möhren
½ Sellerieknolle
Salz
Pfeffer
geriebene Muskatnuss
2 Stängel Liebstöckel
(Maggikraut)

zusätzlich für herzhafte Hühnersuppe mit Nudeln

2–3 Frühlingszwiebeln
2 EL Klare Suppe mit Suppengrün
250 g Suppennudeln

Klare Hühnerbrühe

1. Das Huhn unter fließendem heißem Wasser säubern und in etwa drei Liter gesalzenem Wasser zum Kochen bringen. Mit einem Schuss kaltem Wasser abschrecken, dadurch bildet sich ein Schaum, den man abschöpft, damit die Brühe klar bleibt.

2. Den Lauch waschen und in Ringe schneiden. Die Möhren waschen, schälen und in Streifen oder Scheiben schneiden. Den Sellerie waschen, schälen und in Würfel schneiden. Das vorbereitete Gemüse in die Brühe geben. Das Ganze etwa zwei Stunden köcheln lassen, bis sich das Fleisch von den Knochen löst. Die Brühe darf dann nicht mehr kochen, sonst wird sie trüb.

3. Das Huhn aus der Brühe nehmen und die Brühe durch ein Sieb schütten. Wer die Suppe nicht so fett mag, stellt die fertige klare Brühe am besten über Nacht in den Kühlschrank und lässt sie abkühlen. Die Fettschicht kann man am nächsten Tag einfach abheben.

4. Das noch heiße Huhn enthäuten und das Fleisch von den Knochen lösen. Das Fleisch je nach Weiterverwendung in Stücke schneiden und eventuell in die klare Brühe geben.

5. Das Maggikraut waschen, die Blätter von den Stängeln zupfen und klein geschnitten in die fertige Brühe geben. Mit Salz, Pfeffer und Muskatnuss abschmecken.

Auf jeden Fall sollte man an frischen Kräutern wie Zwiebelschalotten, Petersilie oder Schnittlauch nicht sparen. Die Kräuter werden erst kurz vor dem Servieren in die heiße Suppe eingerührt. Schnittlauch und Petersilie kann man auch in Schälchen vorbereitet auf den Tisch stellen und jeder kann sich so viel in seinen Teller nehmen, wie er mag.

Herzhafte Hühnersuppe mit Nudeln

1. Das Huhn unter fließendem heißem Wasser säubern und in einen großen Topf mit etwa drei Litern Wasser und einem Teelöffel Salz zum Kochen bringen. Zwei Esslöffel Klare Suppe mit Suppengrün in das kochende Wasser geben. Bei kleiner Hitze etwa zwei Stunden köcheln lassen, bis sich das Fleisch von den Knochen löst.

2. In der Zwischenzeit das Gemüse wie bei der klaren Hühnerbrühe vorbereiten und in kochendem Salzwasser nur kurz abkochen. Auf ein Sieb schütten, mit kaltem Wasser abspülen und abtropfen lassen.

3. Die Frühlingszwiebeln waschen, putzen und klein schneiden.

4. Das Huhn aus der Brühe nehmen, etwas abkühlen lassen. Die Haut lässt sich einfach abziehen, solange das Huhn noch heiß ist. Das Fleisch von den Knochen lösen, in kleine Stücke schneiden und bereitstellen.

5. Je nach Nudelart eine entsprechende Menge Wasser zum Kochen bringen, einen Teelöffel Salz dazugeben und die Nudeln kurz abkochen. Auf ein Sieb schütten und kurz mit kaltem Wasser abspülen. Erst unmittelbar vor dem Servieren in die Brühe geben.

6. Die Hühnerbrühe erhitzen, das vorbereitete Gemüse, die Nudeln und das Fleisch dazugeben. Das Ganze durchziehen lassen, nicht mehr kochen.

7. Das Maggikraut waschen, die Blätter von den Stängeln zupfen, klein schneiden und in die heiße Brühe geben. Mit Salz, Pfeffer und Muskatnuss abschmecken.

Als Suppeneinlagen eignen sich Nudeln, Reis, Gemüsestreifen oder einfach nur Eier.

Fadennudeln noch in der Packung zusammendrücken, damit sie nicht zu lang sind und vom Löffel rutschen. Sie bleiben knackig und die Brühe bleibt klarer, wenn man Nudeln vorher kurz in Salzwasser abkocht.

Gekochten Reis auf ein Haarsieb schütten, mit heißem Wasser abspülen und sofort in die heiße Brühe geben.

Je nach Geschmack kann man pro Teller Brühe ein Ei verwenden. Am einfachsten ist es, die Eier zu verquirlen und mit einem Schneebesen in die heiße Brühe zu rühren. Wer den Eiergeschmack ganz besonders mag, gibt ein Ei mit einer Prise Salz in seinen Teller, verquirlt es und füllt unter ständigem Schlagen mit einer Gabel die heiße Suppe in den Teller. Das Ei darf dabei nicht gerinnen.

Rindfleischbrühe

Eine Rindfleischbrühe ist ein Tausendsassa. Sie ist die Basis für unglaublich viele Varianten und lässt sich hervorragend auf Vorrat kochen. In Portionsschalen eingefroren, bei Bedarf aufgetaut und mit verschiedenen Einlagen verfeinert ist sie unschlagbar.

Man hat sofort etwas Warmes auf dem Tisch, auch wenn man mal keine Lust zum Kochen hat.
Als Einlagen eignet sich vom rohen Eigelb über Nudeln bis zum Leberknödel alles.

Grundrezept:

1,5 kg Rindfleisch zum Kochen (z. B. Brust, Schulter oder Beinscheiben)
Suppenfleisch mit Knochen ergibt einen noch intensiveren Geschmack.
2–3 Fleischknochen mitgekocht macht die Brühe noch kräftiger.
4 l kaltes Wasser
1 TL Salz
2 EL Klare Suppe mit Suppengrün
2 EL Fett oder Öl
5 mittelgroße Möhren (ca. 500 g)
1 kleine Sellerieknolle (ca. 500 g)
2 mittelgroße Stangen Lauch (ca. 500 g)
½ Staudensellerie
250 g fein gewürfelter Schinkenspeck
Salz
Pfeffer
Muskatnuss

1. Vier Liter kaltes Wasser in einen großen Topf geben. Das Suppenfleisch und evtl. die Knochen heiß abspülen und in das kalte Wasser legen. Zum Kochen bringen, den Teelöffel Salz und die zwei Esslöffel Klare Suppe einrühren. Etwa 1 ½ Stunden bei mittlerer Hitze köcheln lassen.

2. In der Zwischenzeit die Möhren und den Sellerie schälen, der Länge nach in Scheiben und dann in Streifen schneiden. Sofort in kaltes Wasser legen. Den Lauch waschen, einmal in der Mitte der Länge nach durchschneiden und in etwa 5 mm dicke Scheiben schneiden. Noch einmal waschen und in kaltes Wasser legen. Den Staudensellerie halbieren, in dünne Scheiben schneiden und ebenfalls in kaltes Wasser legen.

3. Das vorbereitete Gemüse auf ein Sieb schütten und gut abtropfen lassen.

4. Zwei Esslöffel Fett oder Öl in einem großen Topf erhitzen und den fein gewürfelten Schinkenspeck unter ständigem Rühren scharf darin anbraten.

5. Das abgetropfte Gemüse dazugeben und das Ganze etwa 10 Minuten unter ständigem Rühren anbraten.

6. Das Fleisch aus der Brühe nehmen und die Brühe zu dem Gemüse schütten. Wieder aufkochen lassen. Anschließend die Brühe durch ein Sieb in einen anderen Topf gießen.

7. Vom Fleisch evtl. vorhandenes Fett wegschneiden, dann das Fleisch in kleine Würfel schneiden und in die Brühe geben. Mit Salz, Pfeffer und Muskatnuss abschmecken.

Gut zu wissen:

Bouillon

Möchte man eine klare Bouillon, legt man das Fleisch und die Knochen mit einem Teelöffel Salz in kaltes Wasser und bringt es zum Kochen. In das kochende Wasser einige Pfefferkörner, zwei Lorbeerblätter, ein Bund gewaschenes und klein geschnittenes Suppengrün und eine gewaschene, aber nicht geschälte, halbierte Zwiebel geben. Zweimal stark aufkochen lassen und jedes Mal den Schaum abschöpfen, damit die Brühe klar bleibt. So lange köcheln lassen, bis das Fleisch weich ist.

Die Bouillon über ein Sieb gießen und das Fett abschöpfen. Mit Salz, Pfeffer und Muskat abschmecken.

Doppelte Kraftbrühe

Möchte man die Bouillon als doppelte Kraftbrühe ohne Einlage servieren, wird die Brühe vor dem Abschmecken auf die Hälfte der Flüssigkeit eingekocht. Danach erst mit Salz, Pfeffer und Muskat würzen. Die doppelte Kraftbrühe wird noch intensiver, wenn man beim Kochen noch 500 g Hackfleisch dazugibt.

Suppeneinlagen geben einer guten Fleischbrühe den letzten Schliff.

Flädlesuppe

Übrig gebliebene dünne Pfannkuchen lassen sich auf diese Weise sinnvoll weiterverwenden: einfach in feine Streifen schneiden und in die heiße Brühe geben. Möchte man die Pfannkuchen selber machen, ist dies ganz einfach:

Je nach Menge aus Mehl, Eiern, Milch und etwas Salz einen dünnflüssigen Teig herstellen und in einer Pfanne hauchdünn backen. Die Pfannkuchen in feine Streifen schneiden und in die heiße Brühe geben.

Leberknödel- und Leberspätzlesuppe

Man sollte sich überlegen, ob man die Leberknödel oder Leberspätzle selber macht oder nicht besser fertig kauft. Es gibt sehr gute Fertigprodukte, die man einfach in die heiße Brühe gibt und ziehen lässt.

Maultaschensuppe

Hier lohnt sich das Selbermachen wirklich nicht. Der Aufwand steht in keinem Verhältnis zu dem Geschmacksergebnis. Fertige Maultaschen in Scheiben schneiden und in die heiße Brühe geben. Kurz aufkochen lassen, Kräuter einstreuen und servieren.

Zwiebel-Apfel-Suppe

Zutaten für 4 Personen:

500 g Zwiebeln
2 Äpfel
2 EL Butter
750 ml Geflügelbrühe
250 ml Exportbier
300 g geriebener Emmentaler
1 TL Rosenpaprika
Salz
Pfeffer

Zubereitungszeit:
ca. 20 Minuten

1. Die Zwiebeln abziehen und in dünne Ringe schneiden. Die Äpfel unter warmem Wasser waschen und bis zum Kerngehäuse raspeln.

2. Die Butter in einem Topf schmelzen, die Zwiebeln darin anbraten, die Äpfel zugeben und mit der Brühe und dem Bier aufgießen. Die Zwiebelsuppe ca. 10 Minuten kochen, mit Rosenpaprika, Salz und Pfeffer abschmecken.

3. Die Zwiebelsuppe in Teller verteilen, mit dem Käse bestreuen und servieren.

Tipp: Zu dieser Zwiebelsuppe schmeckt Kräuterbaguette hervorragend. Vier Baguettes mehrmals quer einschneiden, Butter mit klein gehackten Kräutern vermischen, in die Querschnitte geben und im Backofen ca. 10 Minuten backen.

Schnelle Kartoffelsuppe

Zutaten für 1 Person:

½ Tasse Kartoffelpüreepulver
200 ml Milch
1 TL Butter
Salz
getrocknete Petersilie
Bratkartoffelgewürz

Zubereitungszeit:
ca. 15 Minuten

1. Das Kartoffelpüreepulver mit einer Tasse Wasser und der Milch anrühren und nach Packungsanweisung zubereiten.

2. Mit Butter, etwas Salz und Petersilie abschmecken. Das Ganze in einen Suppenteller geben und mit dem Bratkartoffelgewürz bestreut servieren.

Tipp: Wer mag, kann diese Suppe noch mit fertig gegarten Scampis oder Krabben verfeinern.

15

Schnelle Maultaschensuppe

Zutaten für 4 Personen:

12 Maultaschen
(aus dem Kühlregal)
1 l Fleischbrühe
3 Zwiebeln
2 EL Butter
4 EL Schnittlauchröllchen
Salz
Pfeffer
Knoblauch-Crispins

Zubereitungszeit:
ca. 20 Minuten

1. Die Fleischbrühe in einem Topf zum Kochen bringen, die Maultaschen hineinlegen und bei schwacher Hitze ca. 10 Minuten heiß werden lassen. Mit Salz und Pfeffer abschmecken.

2. In der Zwischenzeit die Zwiebeln schälen und in Ringe schneiden. Die Butter in einem Topf erhitzen und die Zwiebelringe darin glasig dünsten.

3. Die Suppe in Teller verteilen, die Zwiebelringe darüber geben und mit den Schnittlauchröllchen bestreut servieren. Die Knoblauch-Crispins bei Tisch dazureichen und die Suppe nach Belieben damit verfeinern.

Altdeutsche Biersuppe

Zutaten für 4 Personen:

500 ml Milch
250 ml süße Sahne
500 ml helles Bier
4 EL Zucker
100 g Rosinen
1 EL Speisestärke
3 Eigelb
1 TL Zimt
Salz

Zubereitungszeit:
ca. 15 Minuten

1. Die Speisestärke mit etwas Milch glatt rühren. Die Milch, die Sahne, das Bier und den Zucker in einem Topf erhitzen. Die Rosinen und die Speisestärke unterrühren und einmal aufkochen lassen.

2. Die Suppe mit Zimt und Salz abschmecken. Die Eigelbe unterziehen, dabei darauf achten, dass die Suppe nicht mehr kocht, sonst gerinnen die Eigelbe.

3. Das Ganze in Teller verteilen und servieren.

Tipp: Wer etwas mehr Zeit hat, kann Toastbrotwürfel in etwas Butter anrösten und die Suppe damit bestreuen. Das verleiht zusätzlich eine sehr pikante Note.

Aufgeschmalzte Brotsuppe

Zutaten für 4 Personen:

500 ml Bier (z. B. Hefe-Weißbier)
100 g Griebenschmalz
1 Zwiebel
1 Stange Lauch
200 g Weißbrot
1 l Rinderbrühe
Salz
Pfeffer

Zubereitungszeit:
ca. 20 Minuten

1. Die Zwiebel schälen und fein hacken, den Lauch putzen, waschen und in Ringe schneiden. Das Weißbrot würfeln.

2. Mit der Hälfte des Schmalzes die Brotwürfel in einem Topf anrösten, danach aus dem Topf nehmen und beiseite stellen. Das restliche Schmalz in den Topf geben und die Zwiebeln sowie den Lauch darin anbräunen.

3. Mit der Brühe und dem Bier aufgießen und ca. fünf Minuten köcheln lassen. Dann mit Salz und Pfeffer abschmecken.

4. Die Brotwürfel in Suppenteller verteilen, die heiße Suppe darüber geben und sofort servieren.

Bierschaumsuppe mit Kürbis

Zutaten für 4 Personen:

300 g Kürbisfruchtfleisch
50 g Butter
30 g Mehl
500 ml Pils
500 ml Geflügelbrühe
100 ml süße Sahne
20 g geröstete Kürbiskerne
etwas geriebene Muskatnuss
Salz
Pfeffer

Zubereitungszeit:
ca. 25 Minuten

1. Das Kürbisfruchtfleisch in Würfel schneiden. Die Butter in einem Topf erhitzen und die Kürbiswürfel darin anbraten, mit dem Mehl bestäuben, kurz anrösten und dann mit Bier sowie Brühe aufgießen. Das Ganze ca. 15 Minuten köcheln lassen.

2. Nach Ablauf der Garzeit die Suppe mit einem Pürierstab fein pürieren, die Sahne unterziehen und mit Muskatnuss, Salz und Pfeffer abschmecken.

3. Die Suppe in Teller geben und mit den Kürbiskernen bestreut servieren.

Klare Möhrenessenz

Zutaten für 4 Personen:

für die Möhrenessenz:
1 l Gemüsebrühe
750 g Möhren
1 TL Pimentkörner
1 ½ Zimtstangen
Salz

für den Eierstich:
2 Eier
⅛ l Milch
75 g Allgäuer Bergkäse
Salz, Pfeffer
Butter für die Form

Zubereitungszeit:
ca. 50 Minuten
(ohne Abkühlzeit)

1. Die Eier mit der Milch gut verquirlen, den Käse reiben, unterheben und mit Salz und Pfeffer würzen. Eine Auflaufform einfetten, die Ei-Käse-Masse hineingießen und im vorgeheizten Backofen bei ca. 150° C stocken lassen. Danach aus dem Ofen nehmen und in der Form erkalten lassen.

2. Die Gemüsebrühe in einen Topf geben und zum Kochen bringen. Zwischenzeitlich die Möhren waschen und schälen, eine Möhre beiseite legen, den Rest fein würfeln und in die Brühe geben. Die Pimentkörner sowie die Zimtstangen hinzufügen und das Ganze bei mittlerer Hitze ca. 20 Minuten köcheln lassen.

3. Die übrig gebliebene Möhre längs in dünne Scheiben, danach in feine Streifen schneiden. Den Eierstich auf ein Brett stürzen und in Würfel schneiden.

4. Nach Ablauf der Garzeit die Möhrenessenz durch ein feines Sieb in einen neuen Topf gießen, mit Salz würzen und erneut aufkochen lassen. Die Möhrenstreifen darin lediglich heiß werden lassen.

5. Den Eierstich in Teller verteilen, die Möhrenessenz darauf geben und sofort servieren.

Tipp: Den Eierstich bereitet man am besten einen Tag vorher zu.

Mediterrane Gemüsesuppe

Zutaten für 4 Personen:

250 g Tomaten
1 Knoblauchzehe
400 g Staudensellerie
2 EL Olivenöl
Salz, Pfeffer
einige Blätter Basilikum
1 Rosmarinzweig
2 Lorbeerblätter
1 l Gemüsebrühe
250 g Express-Reis mediterran
50 g schwarze Oliven
einige Spritzer Zitronensaft

Zubereitungszeit:
ca. 30 Minuten

1. Die Haut der Tomaten über Kreuz einschneiden, mit kochendem Wasser überbrühen und die Haut abziehen. Die Kerne und den Stielansatz entfernen und das Fruchtfleisch in kleine Würfel schneiden. Den Knoblauch schälen und fein hacken. Den Staudensellerie putzen, waschen, die harten Fasern abziehen und die Stangen in kleine Stücke schneiden.

2. Das Olivenöl erhitzen, den Knoblauch sowie die Tomaten darin andünsten und mit Salz und Pfeffer würzen. Die Kräuter und den Sellerie dazugeben, mit Brühe auffüllen und ca. 15 Minuten kochen lassen.

3. Nach Ablauf der Garzeit den Reis und die Oliven dazugeben und miterhitzen. Nochmals mit Salz, Pfeffer und Zitronensaft abschmecken. Portionsweise mit frischen Kräutern und Zitrone garniert servieren.

Ricotta-Möhrensuppe

Zutaten für 4 Personen:

300 g Möhren
100 g Kartoffeln
1 kleine Petersilienwurzel
1 Zwiebel
2 EL Butter
1 l Gemüsebrühe
Currypulver
heller Balsamicoessig
Salz, Pfeffer
½ Bund frischer Koriander
2 Scheiben Schwarzbrot
250 g Ricotta

Zubereitungszeit:
ca. 40 Minuten

1. Die Möhren, die Kartoffeln und die Petersilienwurzel schälen und waschen. Die Zwiebel schälen und alles in Würfel schneiden.

2. Die Butter in einem Topf erhitzen und die Gemüse darin andünsten. Mit der Brühe aufgießen, ca. 15 bis 20 Minuten garen und danach alles pürieren. Die Suppe mit Salz, Pfeffer, Currypulver und Essig abschmecken.

3. Den Koriander waschen und trockenschütteln. Die Schwarzbrotscheiben fein zerkrümeln. Die Suppe in Teller verteilen und mit dem frischen Koriander und Schwarzbrotkrümeln bestreuen. Jeweils einen großen Klecks Ricotta in die Mitte geben und servieren.

Badische Grießsuppe

Zutaten für 4 Personen:

1 Bund Frühlingszwiebeln
350 g Möhren
6 EL Hartweizengrieß
60 g Butter
900 ml Gemüsebrühe
200 ml Weißwein
1 Becher Crème fraîche
Salz, Pfeffer
geriebene Muskatnuss
1 Bund Petersilie

Zubereitungszeit:
ca. 20 Minuten

1. Die Frühlingszwiebeln und die Möhren putzen und waschen. Frühlingszwiebeln in Ringe, die Möhren in feine Würfel schneiden.

2. Die Butter in einem Topf erhitzen und den Grieß goldgelb darin anrösten. Das Gemüse dazugeben, kurz andünsten und mit Brühe und Weißwein aufgießen. Unter Rühren ca. 10 bis 15 Minuten bei geringer Hitze köcheln lassen.

3. Zum Schluss die Crème fraîche dazugeben, mit Salz, Pfeffer und Muskat pikant abschmecken. Die Petersilie waschen, trockenschütteln, ein paar Blättchen zur Dekoration beiseite legen, den Rest hacken und zur Suppe geben. In Teller verteilt mit Petersilienblättchen garniert servieren.

Zuppa di Asparago

Zutaten für 4 Personen:

500 g grüner Spargel
800 ml Gemüsebrühe
250 g Mascarpone
Salz, Pfeffer
etwas Zucker
2 EL Zitronensaft
1–2 Stängel glatte Petersilie

Zubereitungszeit:
ca. 30 Minuten

1. Den Spargel putzen, waschen, das untere Drittel schälen und den Spargel in Stücke schneiden. Die Petersilie waschen und trockenschütteln.

2. Die Gemüsebrühe erhitzen, die Spargelstücke hineingeben und ca. 10 Minuten bei milder Hitze garen. Danach den Spargel herausnehmen, gut abtropfen lassen und beiseite stellen.

3. Den Gemüsefond mit Mascarpone verrühren, dabei ca. drei Esslöffel für die Garnierung beiseite stellen. Die Brühe etwas einkochen lassen und mit Salz, Pfeffer, Zucker und Zitronensaft abschmecken.

4. Die Spargelstücke wieder zur Brühe geben und nochmals kurz erhitzen. Die Suppe in Teller verteilen und mit einem Klecks Mascarpone und Petersilie garniert servieren.

Überbackene Zwiebelsuppe

Zutaten für 4 Personen:

500 g Zwiebeln
1 Knoblauchzehe
2 EL Butter
200 ml Weißwein
1 l Gemüsebrühe
Salz
Pfeffer
1 Bund Estragon
8 Baguettescheiben
100 g geriebener Gouda

Zubereitungszeit:
ca. 60 Minuten

1. Die Zwiebeln schälen und in Ringe schneiden. Den Knoblauch schälen und fein hacken.

2. Die Butter in einem Topf erhitzen und die Zwiebeln sowie den Knoblauch darin andünsten. Mit Weißwein ablöschen und etwas einkochen lassen. Die Brühe dazugießen und für weitere 15 Minuten garen.

3. Den Estragon waschen, trockenschütteln und fein hacken. Die Suppe mit Salz, Pfeffer und Estragon abschmecken.

4. Die Baguettescheiben dick mit Käse bestreuen. Die Suppe in feuerfeste Suppentassen füllen, mit den Brotscheiben belegen und im vorgeheizten Backofen bei 200° C ca. 10 Minuten goldgelb überbacken.

Gemüsesuppe mit Nudeln

Zutaten für 4 Personen:

100 g grüne Bohnen
100 g Wirsing
1 kleine Zucchini
3 mittelgroße Kartoffeln
1 rote Paprikaschote
1 gelbe Paprikaschote
150 g Rosenkohl
½ Blumenkohl
2 Karotten
1 Stange Lauch
1 Gemüsezwiebel
1 rote Chilischote
2 Knoblauchzehen
etwas Olivenöl
1 Rosmarinzweig
2 EL frische Majoranblättchen
Salz
Pfeffer
Rosenpaprika
150 g Nudeln
einige Spritzer Worcestersoße
1 ½–2 l Gemüsebrühe
1 Dose geschälte Tomaten
etwas Essig
1 Bund Petersilie
50 g Parmesankäse zum Bestreuen

Zubereitungszeit:
ca. 75 Minuten

1. Die Gemüse putzen und waschen. Von den Bohnen die Enden abschneiden und die Bohnen klein schneiden. Beim Wirsing den Strunk abschneiden und den Wirsing in ca. 1 cm breite Streifen schneiden. Die Zucchini und die geschälten Kartoffeln in ca. 1 cm große Würfel schneiden. Die Paprikaschoten halbieren, das Kerngehäuse entfernen und das Fruchtfleisch in kleine Würfel schneiden. Vom Rosenkohl ein Stückchen des Strunks abschneiden und zwei bis drei der äußeren Blätter entfernen. Die Blumenkohlröschen vom Strunk abtrennen, den Strunk nicht verwenden. Die Karotten schälen und in dünne Scheiben schneiden. Den Lauch in ca. 0,5 cm breite Ringe schneiden. Die Zwiebel und den Knoblauch schälen, die Zwiebel klein schneiden, den Knoblauch fein würfeln. Die Chili längs halbieren, das Kerngehäuse entfernen und die Chili ganz fein schneiden.

2. Etwas Olivenöl in einem großen Suppentopf erhitzen und die Zwiebel, den Knoblauch und die Chili darin anbraten. Das Gemüse nach und nach zugeben und gut durchrühren. Mit Gemüsebrühe angießen, mit Salz, Pfeffer, Paprika und Worcestersoße würzen. Den Rosmarinzweig und die Majoranblättchen zugeben, nochmals kräftig durchrühren und zugedeckt ca. 30 Minuten kochen lassen.

3. In der Zwischenzeit die Nudeln in reichlich Salzwasser garen, durch ein Sieb gießen, mit kaltem Wasser abschrecken und beiseite stellen. Die Petersilie waschen, trockenschütteln und klein schneiden. Den Parmesan reiben.

4. Zum Schluss die Tomaten in die Suppe unterrühren, einen Schuss Essig dazugeben und – wenn nötig – mit Salz, Pfeffer, Paprika und Worcestersauce nachwürzen. Die Petersilie einrühren und die Nudeln zugeben. Die Suppe nochmals kurz erwärmen und mit dem geriebenen Parmesan zu Tisch geben.

Möhren-Ingwer-Suppe

Zutaten für 4 Personen:

750 g Möhren
1 Zwiebel
1 EL Butter
1 l Gemüsebrühe
120 g Frischkäse
120 ml Milch
1 EL gehackte
Korianderblättchen
8 Scheiben Knäckebrot
Salz, Pfeffer
etwas Zucker
1 TL frisch geriebener Ingwer
150 g Naturjogurt

Zubereitungszeit:
ca. 35 Minuten

1. Die Möhren schälen, waschen und in Scheiben schneiden. Die Zwiebel ebenfalls schälen und fein würfeln.

2. Die Butter in einem Topf erhitzen und die Möhren sowie die Zwiebel darin andünsten. Mit der Brühe aufgießen und alles ca. 20 Minuten garen.

3. Den Frischkäse mit zwei Esslöffeln Milch und dem Koriander verrühren, vier Scheiben Knäckebrot damit bestreichen und mit einer weiteren Knäckebrotscheibe belegen.

4. Ein Drittel der Möhren aus der Brühe nehmen und den Rest mit der übrigen Milch pürieren. Mit Salz, Pfeffer, Zucker und dem frisch geriebenen Ingwer abschmecken. Die Möhrenscheiben wieder zur Suppe geben, in Teller verteilen und jeweils mit einem Klecks Jogurt und Korianderblättchen garniert servieren.

Spinatsuppe mit Blauschimmelkäse

Zutaten für 4 Personen:

600 g frischer Blattspinat
1 Frühlingszwiebel
2 Knoblauchzehen
2 EL Butter
750 ml Gemüsebrühe
80 g Schmand
Salz, Pfeffer
geriebene Muskatnuss
125 g Blauschimmelkäse
3 EL geröstete Mandelblättchen

Zubereitungszeit:
ca. 30 Minuten

1. Den Spinat verlesen, waschen und die harten Stiele abzupfen, dabei ein paar Blätter für die Dekoration zur Seite legen. Den Knoblauch schälen und hacken, die Frühlingszwiebel putzen, waschen und in Ringe schneiden.

2. Die Butter in einem Topf erhitzen und den Knoblauch sowie die Frühlingszwiebel anschwitzen. Den tropfnassen Spinat dazugeben, ebenfalls etwas andünsten, dann mit der Brühe aufgießen und ca. fünf Minuten garen.

3. Die Suppe fein pürieren, den Schmand dazugeben und mit den Gewürzen pikant abschmecken. Den Blauschimmelkäse würfeln, zur Suppe geben und kurz mit erhitzen. In Teller verteilen und mit den gerösteten Mandelblättchen bestreut servieren.

Würzige Tomatensuppe

Zutaten für 4 Personen:

1 Zwiebel
1 mittelgroße Möhre
1 EL Butter
1 EL Tomatenmark
Salz
Pfeffer
1 gestr. EL Mehl
1 Dose geschälte
Tomaten (800 g)
1–2 Lorbeerblätter
125 g Mozzarella
4 Scheiben Baguette
2 EL Olivenöl
2–3 Stängel Basilikum
etwas Mozzarella-Tomaten-Salz

Zubereitungszeit:
ca. 30 Minuten

1. Die Zwiebel und die Möhre schälen und fein würfeln.

2. Die Butter in einem Topf erhitzen und beides darin andünsten. Das Tomatenmark hinzufügen, Mehl darüber stäuben und alles anschwitzen. Von den Tomaten zwei aus der Dose nehmen und beiseite stellen. Den Rest zusammen mit 400 ml Wasser zum Gemüse gießen. Den Lorbeer hinzufügen und das Ganze bei niedriger Hitze ca. 10 Minuten köcheln lassen.

3. Den Mozzarella in Scheiben schneiden. Die Baguetteschei-ben in heißem Olivenöl anrösten und mit dem Mozzarella belegen. Mit Mozzarella-Tomaten-Salz würzen und bei höchster Stufe im Backofen überbacken.

4. Die Tomatensuppe mit einem Pürierstab fein pürieren und mit Salz und Pfeffer abschmecken. Das Basilikum waschen, trockenschütteln und die Blätter abzupfen. Die zwei restlichen Tomaten klein schneiden.

5. Die Suppe in Teller füllen, mit Tomate und Basilikum bestreuen. Jeweils eine halbierte Baguettescheibe in die Suppe legen.

Lauwarme Jogurtsuppe mit Kapuzinerkresse

Zutaten für 4 Personen:

1 Bund Frühlingszwiebeln
100 g Champignons
1 Knoblauchzehe
100 g Butter
Salz
Pfeffer
600 ml Gemüsebrühe
2 Bund gemischte Kräuter
500 g Vollmilchjogurt
Muskat
12 Kapuzinerkresseblüten

Zubereitungszeit:
ca. 20 Minuten

1. Die Frühlingszwiebeln putzen, waschen und in dünne Ringe schneiden. Die Champignons bürsten und grob zerteilen. Die Knoblauchzehe schälen und fein würfeln.

2. Zwei Esslöffel Butter in einem Topf erhitzen, die Frühlingszwiebeln, den Knoblauch und die Champignons dazugeben und zwei bis drei Minuten anschwitzen. Mit Salz und Pfeffer würzen und mit der Brühe aufgießen. Das Ganze zum Kochen bringen und ca. 10 Minuten bei mittlerer Hitze garen.

3. In der Zwischenzeit die Kräuter waschen und trockenschütteln, dickere Stängel entfernen und den Rest fein hacken. Die Kräuter zur Suppe geben und im Mixer oder mit einem Pürierstab fein pürieren. Dabei nach und nach die restliche Butter dazugeben.

4. Die Kräutersuppe vom Herd nehmen, kurz abkühlen lassen und zum Schluss den Jogurt unterrühren. Nochmals mit Salz, Pfeffer und Muskat abschmecken, in Teller verteilen und mit den Kapuzinerkresseblüten garnieren.

Spargelcremesuppe

Zutaten für 8 Personen:

2 kg weißer Stangenspargel
50 g Butter
1 EL Zucker
Salz
100 g Margarine
3 EL Mehl
2–3 EL gekörnte Brühe
1 Päckchen Spargelcremesuppe
600 ml süße Sahne
1 große Dose Spargelabschnitte
Salz
Pfeffer
Muskatnuss
1 Bund Schnittlauch

Zubereitungszeit:
ca. 75 Minuten

1. Den frischen Spargel waschen, schälen und die holzigen Enden abschneiden. Die Abfälle in einem großen Topf mit drei Litern Wasser, etwas Salz, einem Esslöffel Zucker und 50 g Butter oder Margarine zum Kochen bringen und gut 20 Minuten kochen lassen. Die Abfälle auf ein großes Haarsieb schütten und das Spargelwasser dabei auffangen, die Spargelabfälle etwas erkalten lassen und fest ausdrücken. Den ausgedrückten Saft in das Spargelwasser geben. Die Rückstände wegwerfen.

2. Einen Teil der Spargelbrühe in einem Spargeltopf zum Kochen bringen und den Spargel in etwa

15 bis 20 Minuten bissfest garen. Der Spargel kann dann entweder in die Suppe geschnitten werden oder ist mit Salzkartoffeln und zerlassener Butter schon das Hauptgericht.

3. Die Margarine in einem großen Topf schmelzen und mit einem Schneebesen die drei Esslöffel Mehl einrühren. Fest schlagen, dass keine Klümpchen entstehen. Mit dem Spargelwasser ablöschen. Dabei ständig mit dem Schneebesen rühren und zum Kochen bringen.

4. Die zwei bis drei Esslöffel gekörnte Brühe mit dem Schneebesen in die Brühe einrühren. Kurz aufkochen lassen. Die Spargelcremesuppe in lauwarmem Wasser auflösen und in die Suppe rühren. Etwa fünf Minuten ziehen lassen. Mit dem Schneebesen die süße Sahne unterrühren.

5. Die Spargelsuppe kurz aufkochen lassen und die Dose mit den Spargelabschnitten und der Brühe dazugeben. Eventuell mit Salz, Pfeffer und Muskatnuss nachwürzen. Wer sehr gerne Spargelstücke in der Suppe mag, schneidet den frisch gegarten Spargel in etwa 4 cm lange Stücke und gibt diese in die heiße Suppe.

6. Den Schnittlauch waschen und in kleine Röllchen schneiden. Kurz vor dem Servieren die Suppe mit den Schnittlauchröllchen bestreuen.

Blumenkohlcremesuppe

Zutaten für 4 Personen:
1 Blumenkohl
2 Scheiben Putenschinken
3 EL Butter
40 g Mehl
1 ¼ l Blumenkohlsud
1 Prise gemahlener Koriander
2 EL Zitronensaft
200 ml süße Sahne
Worcestersoße
Salz
Pfeffer
etwas geriebene Muskatnuss

Zubereitungszeit:
ca. 35 Minuten

1. Den Putenschinken in Streifen schneiden. Den Blumenkohl putzen, in einzelne Röschen zerteilen, waschen und in reichlich Salzwasser ca. 20 Minuten gar kochen. Danach durch ein Sieb abgießen, dabei den Sud auffangen. Einige Röschen für die Dekoration herausnehmen und beiseite legen.

2. In einem Topf die Butter schmelzen, das Mehl dazugeben und anschwitzen. Mit dem Blumenkohlsud ablöschen, kurz aufkochen lassen, dann die Hitze reduzieren und die Blumenkohlröschen hinzufügen. Mit einem Pürierstab alles fein pürieren.

3. Die Suppe mit Salz, Pfeffer, Muskat, Koriander, Zitronensaft und Worcestersoße würzen. Danach die Sahne unterziehen. Gleich in Teller oder Tassen verteilen und mit Blumenkohlröschen und Putenschinkenstreifen garniert servieren.

Feine Selleriecremesuppe

Zutaten für 4 Personen:

150 g Schalotten
2 Sellerieknollen (à 400 g)
300 g Möhren
2 säuerliche Äpfel (z. B. Boskop)
3 Hähnchenbrustfilets
1 Bund Thymian
1 TL Wacholderbeeren
60 g Butterschmalz
150 ml süße Sahne
2 Bund Kerbel
1 Bund Suppengrün
Salz
Pfeffer

Zubereitungszeit:
ca. 35 Minuten

1. Das Suppengrün putzen, waschen und klein schneiden. Die Hälfte des Butterschmalzes in einem Topf erhitzen und das Suppengrün darin andünsten. Mit einem Liter Wasser ablöschen, Salz, Pfeffer sowie drei Wacholderbeeren dazugeben und aufkochen lassen.

2. Die Hähnchenbrust unter fließendem kaltem Wasser waschen, trockentupfen und 10 Minuten in dem Gemüsesud garen. Herausnehmen und beiseite stellen. Die Brühe durch ein Sieb abgießen. Das Suppengrün mit 200 ml Brühe pürieren und beiseite stellen.

3. Sellerie, Schalotten und Äpfel putzen, schälen und fein würfeln. Die Möhren schälen und in feine Streifen schneiden. Den Thymian waschen, trockenschütteln und von den Stielen zupfen. Den Kerbel waschen, trockenschütteln und fein hacken.

4. Das restliche Butterschmalz in einem neuen Topf erhitzen und die Schalotten darin andünsten. Den Sellerie, die Möhrenstreifen und die Apfelstücke sowie die restlichen Wacholderbeeren hinzufügen und kurz mitdünsten. Mit der klaren Brühe ablöschen und 10 Minuten köcheln lassen.

5. Das pürierte Suppengrün und die Sahne ebenfalls zur Suppe geben. Die Hähnchenbrustfilets in Scheiben schneiden und mit dem Kerbel ebenfalls hinzufügen. Noch einmal aufkochen lassen, abschmecken und servieren.

33

Cremesuppe mit Petersilienwurzel

Zutaten für 2 Personen:

1 Petersilienwurzel
100 g Kartoffeln
1 Tomate
1 Zwiebel
1 EL Pflanzenöl
300 ml Gemüsebrühe
150 ml fettarme Milch
Pfeffer
½ Bund Petersilie
2 EL Macadamianüsse

Zubereitungszeit:
ca. 30 Minuten

1. Die Petersilienwurzel und die Kartoffeln schälen, waschen und würfeln. Die Zwiebel ebenfalls schälen und fein würfeln. Die Tomate mit kochendem Wasser überbrühen und die Haut abziehen, vierteln, die Kerne entfernen und das Fruchtfleisch in kleine Stücke schneiden.

2. Das Öl in einem Topf erhitzen und die Zwiebelwürfel darin andünsten. Danach die Petersilienwurzel und die Kartoffeln hinzufügen, kurz anschwitzen und mit der Brühe und Milch aufgießen. Bei mittlerer Hitze ca. 15 Minuten köcheln lassen, danach mit einem Pürierstab pürieren und mit Pfeffer abschmecken.

3. Die Petersilie waschen, trockenschütteln und fein hacken. Die Macadamianüsse in einer Pfanne ohne Fett anrösten, danach grob hacken. Die Suppe in Schalen füllen und zusammen mit Petersilie, Macadamianüssen und Tomatenstücken anrichten.

Curry-Kartoffelsuppe „Madras"

Zutaten für 4 Personen:

500 g mehlig kochende
Kartoffeln
50 g Butter
Salz
1 EL Curry, English Style
850 ml Gemüsebrühe
1 Möhre
1 Knoblauchzehe
1 kleines Stück Ingwer
30 g Mandelblättchen
30 g Rosinen
3 Frühlingszwiebeln
2 EL Schnittlauchröllchen

Zubereitungszeit:
ca. 40 Minuten

1. Die Kartoffeln schälen, waschen, würfeln und in 30 g zerlassener Butter in einem Topf anschwitzen. Die Kartoffelwürfel mit etwas Salz würzen, mit dem Currypulver bestäuben und mit 650 ml Brühe aufgießen. Bei milder Hitze im geschlossenen Topf ca. 15 Minuten garen.

2. In der Zwischenzeit die Möhre putzen und waschen. Die Knoblauchzehe und den Ingwer schälen. Alles zusammen fein würfeln.

3. Die Mandelblättchen ohne Fett in einer Pfanne anrösten und beiseite stellen. Die restliche Butter zerlassen und das gewürfelte Gemüse darin kurz andünsten, die Rosinen dazugeben und mit der restlichen Brühe aufgießen. Die Zutaten so lange dünsten, bis die Flüssigkeit verdampft ist.

4. Die Frühlingszwiebeln putzen, waschen und in Röllchen schneiden und mit den Mandelblättchen zum Gemüse in die Pfanne geben.

5. Die Kartoffelsuppe fein pürieren, in Teller geben und mit der Gemüsemischung anrichten. Zum Schluss mit Schnittlauchröllchen bestreuen.

Passierte Erbsensuppe

Zutaten für 4 Personen:

400 g Zuckerschoten
150 g Kartoffeln
1 l Kalbsfond
Salz
Pfeffer
4 EL Crème fraîche
4 Scheiben Toastbrot
150 g Butter

Zubereitungszeit:
ca. 20 Minuten

1. Die Zuckerschoten putzen, waschen und grob zerteilen. Die Kartoffeln schälen, waschen und in Würfel schneiden.

2. Den Kalbsfond in einem Topf erhitzen und die Zuckerschoten sowie Kartoffelwürfel darin weich kochen. Anschließend mit einem Pürierstab fein pürieren. Dabei die Hälfte der Butter flöckchenweise dazugeben.

3. Die Suppe mit Crème fraîche verfeinern und mit Salz und Pfeffer abschmecken. Das Toastbrot würfeln und in der restlichen Butter zu goldbraunen Croûtons rösten.

4. Die Suppe in Schalen verteilen und mit den Croûtons bestreut servieren oder diese getrennt dazureichen.

Rucolacremesuppe

Zutaten für 4 Personen:

500 g Kartoffeln
1 Stange Lauch
2 Schalotten
1 Knoblauchzehe
3 EL Olivenöl
4 Zweige Thymian
1 l Gemüsebrühe
250 g Mascarpone
Salz, Pfeffer
100 g Rucola
2 Tomaten
1 Eigelb
40 g Parmesan

Zubereitungszeit:
ca. 60 Minuten

1. Die Kartoffeln schälen, waschen und 300 g grob würfeln. Den Lauch putzen, waschen und den weißen Teil in Ringe schneiden. Die Schalotten und den Knoblauch schälen und fein hacken. Den Thymian waschen und trockenschütteln.

2. Einen Esslöffel Olivenöl in einem Topf erhitzen und die Schalotten, den Knoblauch sowie den Lauch darin andünsten. Die Kartoffelwürfel und die Thymianzweige dazugeben, mit der Brühe aufgießen und ca. 15 Minuten garen. Danach die Thymianzweige entfernen, 200 g Mascarpone unterrühren, alles fein pürieren und mit Salz und Pfeffer abschmecken.

3. Den Rucola verlesen und waschen. Einige Blätter für die Garnitur zur Seite legen, den Rest hacken. Die Tomaten waschen, entkernen und würfeln. Die restlichen Kartoffeln fein reiben und ausdrücken.

4. Die geriebenen Kartoffeln mit dem Eigelb, dem geriebenen Parmesan und einem Esslöffel Rucola vermischen. Das restliche Öl in einer Pfanne erhitzen und aus der Kartoffelmasse kleine Fladen ausbacken.

5. Den gehackten Rucola zur Suppe geben, noch einmal aufkochen lassen und die Suppe in Teller verteilen. Mit den Tomatenwürfeln, Mascarponetupfen, Kartoffelplätzchen und Rucolablättern garniert servieren.

Brokkolicremesuppe

Zutaten für 4 Personen:
750 g Brokkoli
2 Zwiebeln
2 EL Butter
1 l Rinderbrühe
1 Bund Petersilie
200 g gekochter Schinken
100 g Crème fraîche
Salz
Pfeffer
Muskat

Zubereitungszeit:
ca. 35 Minuten

1. Den Brokkoli putzen, waschen und klein schneiden. Die Zwiebeln schälen und grob würfeln.

2. Die Butter in einem Topf erhitzen und die Zwiebeln sowie den Brokkoli darin andünsten. Mit der Brühe aufgießen und bei mittlerer Hitze ca. 15 Minuten köcheln lassen. Danach mit einem Pürierstab fein pürieren und die Crème fraîche unterrühren. Mit Salz, Pfeffer und Muskat abschmecken.

3. Die Petersilie waschen, trockenschütteln und fein hacken. Den Schinken in dünne Streifen schneiden. Die Suppe in Teller füllen und mit Schinkenstreifen und Petersilie bestreut servieren.

Knoblauchcremesuppe

Zutaten für 4 Personen:

12 Knoblauchzehen
40 g Butter
40 g Mehl
1 l Gemüsebrühe
2 Eigelb
150 ml süße Sahne
2 EL Butter
Salz
Pfeffer
2 Petersiliensträußchen
2 Scheiben Toastbrot

Zubereitungszeit:
ca. 35 Minuten

1. Die Knoblauchzehen schälen und fein hacken. In einem Topf die Butter schmelzen und den Knoblauch darin andünsten. Das Mehl hineinstreuen, etwas anrösten lassen und mit der Gemüsebrühe ablöschen. Die Hitze etwas reduzieren und die Suppe ca. 15 Minuten köcheln lassen.

2. Die Ränder des Toastbrots abschneiden und den Rest würfeln. Die übrige Butter in einer Pfanne zerlassen und die Brotwürfel darin kross anrösten.

3. Nach Ablauf der Garzeit die Suppe mit einem Pürierstab fein pürieren. Die Petersilie waschen und die Blättchen abzupfen.

4. Die Eigelbe mit der Sahne verquirlen und unter die Suppe ziehen. Achtung: nicht mehr kochen. Das Ganze mit Salz und Pfeffer abschmecken. Die Suppe in Tellern anrichten, mit Croûtons bestreut und Petersilie garniert servieren.

Zucchinirahmsuppe

Zutaten für 1 Person:

1 Zucchini
1 kleine Zwiebel
1 EL Butter
1 EL Mehl
100 ml süße Sahne
250 ml Wasser
Salz
Pfeffer

Zubereitungszeit:
ca. 20 Minuten

1. Die Zucchini waschen und grob zerteilen, die Zwiebel schälen und fein würfeln.

2. Die Butter in einem Topf erhitzen und die Zwiebelwürfel darin andünsten. Danach die Zucchinistücke hinzufügen und ebenfalls etwas dünsten. Dann das Mehl darüber streuen, kurz anrösten lassen und mit dem Wasser aufgießen. Das Ganze ca. 10 Minuten bei milder Hitze köcheln lassen.

3. Den Topf vom Herd nehmen und die Suppe mit einem Pürierstab fein pürieren. Die Sahne unterziehen und alles mit Salz und Pfeffer abschmecken.

4. Die Suppe in einen Teller geben und nach Belieben mit Croûtons garnieren.

Petersiliencremesuppe

Zutaten für 4 Personen:

1 Zwiebel
1 Knoblauchzehe
2 EL Butter
1 l Gemüsebrühe
200 g Sauerrahm
2 Bund Petersilie
1 EL Mehl
2 EL Wasser
2 Eigelb
Salz
weißer Pfeffer
1 Prise Zucker
etwas geriebene Muskatnuss
1 Schuss Weißwein

Zubereitungszeit:
ca. 25 Minuten

1. Die Zwiebel und die Knoblauchzehe schälen und fein würfeln. Die Petersilie waschen, trockenschütteln und fein hacken.

2. Die Butter in einem Topf erhitzen und die Zwiebel- und Knoblauchwürfel darin andünsten. Mit der Brühe aufgießen und 10 Minuten leicht köcheln lassen. Das Mehl mit etwas Wasser verquirlen und unter Rühren die Suppe damit eindicken. Den Sauerrahm unterziehen und die Hitze reduzieren, so dass die Suppe nicht mehr kocht.

3. Die Eigelbe verquirlen und zusammen mit der klein geschnittenen Petersilie in die Suppe rühren. Das Ganze mit Salz, Pfeffer, Zucker, einer Prise Muskat und einem Schuss Weißwein abschmecken und servieren.

Kartoffel-Pfifferling-Cremesuppe

Zutaten für 4 Personen:

250 g frische Pfifferlinge
(ersatzweise aus der Dose)
1 große Zwiebel
250 g Kartoffeln
2 EL Butter
½ l Brühe
125 g Tofu
3–4 EL Sojasoße
Pfeffer
2 EL trockener Sherry
½ Bund Basilikum

Zubereitungszeit:
ca. 40 Minuten

1. Die Pfifferlinge putzen, vorsichtig waschen und größere Pilze klein schneiden. Die Zwiebel und die Kartoffeln schälen und klein würfeln. Das Basilikum waschen, trockenschütteln und die Blätter abzupfen.

2. Einen Esslöffel Butter in einer Pfanne erhitzen, die Pilze darin kurz anbraten, herausnehmen und warm stellen. Dann die Zwiebel- und Kartoffelwürfel in einem Esslöffel erhitzter Butter in einem Topf hell anschwitzen, mit der Brühe ablöschen und zugedeckt ca. 15 Minuten bei geringer Hitze köcheln lassen.

3. Den Tofu vor Verwendung fünf Minuten in kaltes Wasser legen, dann würfeln und in die Suppe geben. Mit einem Pürierstab die Suppe fein pürieren und schaumig aufschlagen. Erneut aufkochen lassen.

4. Zum Schluss mit Sojasoße, Pfeffer und Sherry abschmecken, die Pfifferlinge hinzufügen und kurz miterhitzen. Die Suppe in Schalen verteilen und mit den Basilikumblättern bestreut servieren.

Leichte Kräuterrahmsuppe

Zutaten für 4 Personen:

2 Schalotten
2 Knoblauchzehen
2 EL Butter
1 l Gemüsebrühe
200 g frische Kräuter nach
Belieben
150 g frischer Landrahm
Salz
Pfeffer
½ Kästchen Kresse
2 Scheiben Toastbrot

Zubereitungszeit:
ca. 25 Minuten

1. Die Schalotten und den Knoblauch schälen und fein hacken. Die Ränder des Toastbrots abschneiden und den Rest würfeln. In einem Topf einen Esslöffel Butter schmelzen und die Zwiebeln darin glasig dünsten, dann mit Gemüsebrühe aufgießen und das Ganze aufkochen lassen.

2. Die restliche Butter in einer kleinen Pfanne erhitzen und die Knoblauchwürfel darin andüns-

ten, dann die Brotwürfel dazugeben und kross rösten. Vom Herd nehmen und beiseite stellen.

3. Die Kräuter waschen, trockenschütteln und fein hacken. Alles in die Brühe geben, ca. zwei Minuten köcheln lassen und danach mit einem Pürierstab fein pürieren. Das Ganze durch ein feines Sieb in einen anderen Topf gießen, erneut erhitzen, den Rahm unterrühren und mit Salz und Pfeffer würzen.

4. Die Kresse waschen und zusammen mit den Brotwürfeln auf die in Teller verteilte Suppe streuen und sofort servieren.

Gourmet-Fischsuppe

Zutaten für 4 Personen:

1 Karotte
½ Stange Lauch
1 Stange Staudensellerie
Salz
etwas Zitronensaft
250 g Lachs
1 EL Butter
1 l Fischbrühe
200 g Schmelzkäse
3 EL Weißwein
1 TL Speisestärke
1 Eigelb
weißer Pfeffer
etwas geriebene Muskatnuss
Dill zum Dekorieren

Zubereitungszeit:
ca. 40 Minuten

1. Das Gemüse putzen, waschen und ganz fein schneiden. Den Lachs waschen, in mundgerechte Stücke schneiden, salzen und mit Zitronensaft beträufeln.

2. In einem Topf die Butter schmelzen und das Gemüse andünsten. Mit der Fischbrühe aufgießen und 10 Minuten köcheln lassen. Danach den Schmelzkäse einrühren.

3. In der Zwischenzeit die Speisestärke mit dem Wein anrühren, zur Suppe geben und diese damit eindicken. Den Topf vom Herd nehmen und das verquirlte Eigelb unterziehen. Das Ganze mit Salz, Pfeffer und Muskatnuss würzen. Dann die Fischstücke einlegen und ca. vier bis fünf Minuten gar ziehen lassen, nicht kochen!

4. Den Dill waschen, trockenschütteln und einige Fähnchen abzupfen. Die Suppe in Teller verteilen und mit Dill garniert servieren.

Sahnige Kartoffelsuppe

Zutaten für 4 Personen:

1 Zwiebel
1 kleine Stange Lauch
2 Karotten
2 EL Butter
1 ½ l Gemüsebrühe
750 g Kartoffeln
Salz
Pfeffer
etwas geriebene Muskatnuss
100 ml Alpen-Kaffeesahne
100 g Krabben
2 EL gehackte Petersilie

Zubereitungszeit:
ca. 60 Minuten

1. Das Gemüse und die Kartoffeln waschen, putzen oder schälen. Die Zwiebel fein würfeln, den Lauch in feine Ringe, die Karotten in Stifte und die Kartoffeln in Würfel schneiden.

2. Die Butter in einem Topf schmelzen und die Zwiebel darin glasig dünsten. Den Lauch und die Karottenstifte zugeben und kurz mitdünsten. Mit der Gemüsebrühe aufgießen und das Ganze zum Kochen bringen.

3. Die Kartoffelwürfel hinzufügen und mit Salz, Pfeffer sowie Muskatnuss abschmecken. Zugedeckt ca. 30 Minuten köcheln lassen.

4. Anschließend die Hälfte der Suppe mit einem Pürierstab in einem getrennten Topf pürieren und wieder zurück in den Topf gießen. Die Kaffeesahne unterrühren, die Krabben dazugeben und heiß werden lassen.

5. Die Suppe in Teller verteilen, mit der gehackten Petersilie bestreuen und servieren.

Champagnersuppe mit Zanderklößchen

Zutaten für 4 Personen:

für die Suppe:
2 Schalotten
1 EL Butter
1 EL Mehl
600 ml Fischfond
200 ml Champagner
ca. 240 ml süße Sahne
120 g Kräuter-Crème fraîche
1 EL Sahne-Meerrettich
2 TL süßer Senf
Salz, Pfeffer
Zucker
Zitronensaft
½ Bund Dill

für die Klößchen:
100 g Zanderfilet
1 Eiweiß
2 Msp. gemahlener Safran
Salz, Pfeffer
geriebene Muskatnuss

Zubereitungszeit:
ca. 50 Minuten

1. Für die Klößchen das Zanderfilet waschen, trockentupfen und in ca. 2 cm große Würfel schneiden. Die Fischwürfel mit dem Eiweiß vermischen, mit Safran, Salz, Pfeffer sowie Muskat würzen und kalt stellen.

2. Für die Suppe die Schalotten schälen, fein würfeln und in der erhitzten Butter andünsten. Mit Mehl bestäuben, anschwitzen, den Fischfond sowie den Champagner dazugießen und aufkochen lassen. 200 ml Sahne und die Crème fraîche unterrühren. Mit Meerrettich, Senf, Salz, Pfeffer, etwas Zucker und Zitronensaft abschmecken.

3. Die vorbereiteten Zanderstücke im Mixer fein zerkleinern, bis die Masse Bindung erhält.

Dabei die restliche Sahne nach und nach dazugießen. Vorsicht: Die Masse darf im Mixer nicht zu warm werden, da sie sonst gerinnt.

4. Einen Topf mit reichlich Salzwasser zum Kochen bringen. Die Zandermasse mithilfe von zwei Teelöffeln zu Klößchen formen, in das kochende Salzwasser geben, die Hitze reduzieren und die Klößchen ca. fünf bis acht Minuten gar ziehen lassen.

5. Zum Schluss die Klößchen zur Suppe geben, die Hälfte des gewaschenen Dills hacken und unterrühren. Die Suppe in Teller verteilen und mit den restlichen Dillzweigen garnieren.

Kartoffelsuppe „Büsumer Art"

Zutaten für 4 Personen:

1 kleine Möhre
1 kleines Stück Sellerie
4 Kartoffeln (300 g)
2 EL Butter
750 ml Gemüsebrühe
250 ml süße Sahne
1 EL mittelscharfer Senf
2 EL trockener Weißwein
Salz
Pfeffer
1 Prise Zucker
½ Bund Schnittlauch
125 g Krabben

Zubereitungszeit:
ca. 30 Minuten

1. Die Möhre, den Sellerie und die Kartoffeln waschen, schälen und in Würfel schneiden.

2. Die Butter in einem Topf erhitzen und die Gemüsewürfel darin andünsten. Mit Gemüsebrühe ablöschen und bei mittlerer Hitze ca. 20 Minuten köcheln lassen.

3. Nach Ablauf der Garzeit die Suppe mit einem Pürierstab fein pürieren, die Sahne dazugießen und noch einmal aufkochen lassen. Danach mit Salz, Pfeffer, Senf, Weißwein und Zucker pikant abschmecken.

4. Den Schnittlauch waschen, trockenschütteln und in feine Röllchen schneiden. Die Krabben zur Suppe geben und nur noch darin erwärmen. Zum Schluss mit Schnittlauchröllchen bestreuen und servieren.

Kokosmilchsuppe

Zutaten für 4 Personen:

1 grüne Paprikaschote
1 Bund Frühlingszwiebeln
1 Aubergine
200 g Champignons
2 Stängel Zitronengras
1 l Geflügelbrühe
1 Dose Kokosmilch (400 g)
2 rote Chilischoten
3 EL Limettensaft
etwas Sojasoße
1 TL Kurkuma
Salz
½ TL Zucker
300 g küchenfertige TK-Scampi
1 Bund Koriander
nach Wunsch vier Kokosnüsse

Zubereitungszeit:
ca. 60 Minuten

1. Die Paprikaschote, die Frühlingszwiebeln sowie die Aubergine putzen, waschen und in Stücke schneiden. Die Champignons bürsten und in Scheiben schneiden. Das Zitronengras waschen, längs halbieren und flach klopfen.

2. Die Geflügelbrühe mit der Kokosmilch zum Kochen bringen. Die Chilischoten waschen, entkernen und das Fruchtfleisch in kleine Stücke schneiden. Das Gemüse und die Chilis in die Brühe geben und ca. 15 Minuten köcheln lassen.

3. Die Suppe mit Limettensaft, Sojasoße, Kurkuma, Salz und Zucker pikant abschmecken. Die Scampi hinzufügen und weitere fünf Minuten kochen. Den Koriander waschen, trockenschütteln und grob hacken.

4. Die Suppe in Teller oder stilecht in Kokosnussschalen füllen und mit Koriander bestreut servieren.

Indische Krabbensuppe

Zutaten für 4 Personen:

1 Bund Frühlingszwiebeln
1 Knoblauchzehe
2 EL Olivenöl
125 g Krabben
1 Glas Uncle Ben's Fix für
Fleischpfanne „Indisch Curry"
200 ml Gemüsebrühe
200 ml süße Sahne
etwas Zitronensaft

Zubereitungszeit:
ca. 20 Minuten

1. Die Frühlingszwiebeln putzen, waschen und in Röllchen schneiden. Den Knoblauch schälen und fein hacken.

2. In einem Topf das Olivenöl erhitzen und die Frühlingszwiebeln sowie den Knoblauch darin andünsten. Dann die Krabben hinzufügen und ebenfalls kurz mitdünsten.

3. Das „Indisch Curry" dazugeben und alles gut miteinander verrühren, dann mit der Brühe ablöschen und kurz aufkochen lassen. Den Topf vom Herd nehmen und die Sahne unterrühren. Zum Schluss mit einigen Spritzern Zitronensaft abschmecken und sofort servieren.

Lachs-Senf-Suppe

Zutaten für 4 Personen:

200 g Räucherlachs
200 g Zucchini
2 Karotten
1 Stange Lauch
200 g Kartoffeln
2 EL Butter
750 ml Geflügelbrühe
150 ml trockener Weißwein
2 EL Crème fraîche
1 TL Senfmehl
2 EL mittelscharfer Senf
etwas geriebene Muskatnuss
Salz
Pfeffer

Zubereitungszeit:
ca. 55 Minuten

1. Die Zucchini waschen, die Karotten putzen und schälen. Den Lauch putzen, längs halbieren und unter fließendem Wasser waschen. Das vorbereitete Gemüse grob zerkleinern. Die Kartoffeln schälen und in Würfel schneiden.

2. Die Butter in einem Topf schmelzen und das Gemüse darin andünsten. Mit der Brühe aufgießen, die Kartoffeln dazugeben und alles ca. 30 Minuten kochen. Danach mit einem Pürierstab fein pürieren.

3. Den Weißwein, das Senfmehl, den Senf und die Crème fraîche zur Suppe geben und unterrühren. Mit Muskat, Salz und Pfeffer abschmecken.

4. Den Lachs in Streifen schneiden, die Suppe in Teller füllen und mit Lachs garniert servieren.

Garnelen-Kokos-Suppe

Zutaten für 4 Personen:

500 g küchenfertige TK-Garnelen
1 rote Paprikaschote
2 Frühlingszwiebeln
2 EL Sonnenblumenöl
1 EL Curry
450 ml Hühnerbrühe
½ TL Chilipulver
1 Dose Kokosmilch (400 g)

Zubereitungszeit:
ca. 25 Minuten

1. Die Paprikaschote waschen, das Kerngehäuse entfernen und das Fruchtfleisch in kleine Würfel schneiden. Die Frühlingszwiebeln putzen, waschen und in feine Ringe schneiden. Einige grüne Ringe für die Dekoration beiseite legen.

2. Das Öl in einem Topf erhitzen und die Garnelen, die Paprikawürfel und die Zwiebelringe zwei Minuten darin andünsten. Den Curry darüber stäuben, mit der Hühnerbrühe auffüllen und das Ganze zum Kochen bringen.

3. Das Chilipulver und die Kokosmilch ebenfalls hinzufügen und das Ganze bei mittlerer Hitze ca. fünf Minuten köcheln lassen. Dabei öfter umrühren. Zum Schluss in Teller füllen und mit den restlichen Frühlingszwiebeln bestreut servieren.

Gazpacho

Zutaten für 2 Personen:

6 Tomaten
1 Zwiebel
1 Knoblauchzehe
2 EL Olivenöl
1 TL Chilipulver
Salz
Pfeffer
1 EL Limettensaft
je ¼ gelbe und grüne Paprikaschote
¼ Salatgurke

Zubereitungszeit: ca. 35 Minuten

1. Von den Tomaten eine beiseite legen, bei den restlichen die Haut mit einem scharfen Messer kreuzweise einritzen, mit heißem Wasser überbrühen und abziehen. Die Zwiebel und den Knoblauch schälen und fein hacken.

2. Tomaten, Zwiebel, Knoblauch und Olivenöl in eine Schüssel geben und mit dem Pürierstab fein pürieren. Mit Salz, Pfeffer, Chilipulver sowie Limettensaft pikant abschmecken und kalt stellen.

3. Die übrig gebliebene Tomate waschen, halbieren, entkernen und in Würfel oder dünne Spalten schneiden. Paprikaschoten und Gurke ebenfalls waschen, entkernen und würfeln.

4. Die Suppe in Tellern anrichten und mit den Gemüsewürfeln bestreut servieren.

Tipp: Ein hervorragendes Gericht an heißen Sommertagen.

Pikante Gyrossuppe

Zutaten für 2 Personen:

100 g Kalbsfilet
1 Zwiebel
2 Knoblauchzehen
1 rote Paprikaschote
100 g Weißkohl
500 ml Gemüsebrühe
50 ml süße Sahne
1 TL Sonnenblumenöl
50 g gekochte Maiskörner
1 TL Tomatenmark
Salz
½ TL Paprikapulver
1 Prise Majoran
1 Prise Thymian

Zubereitungszeit:
ca. 40 Minuten
zzgl. 1 Stunde
Marinierzeit

1. Das Kalbsfilet in kleine Würfel schneiden. Die Zwiebel und die Knoblauchzehen schälen, fein würfeln und mit dem Fleisch vermengen, salzen und zugedeckt eine Stunde ziehen lassen.

2. Die Paprikaschote putzen, waschen, entkernen und das Fruchtfleisch zusammen mit dem Weißkohl in kleine Würfel schneiden.

3. Das Öl in einem Topf erhitzen und das Fleisch mit der Zwiebel und dem Knoblauch darin anbraten. Paprikaschote, Weißkohl und Maiskörner dazugeben, das Tomatenmark hinzufügen und kurz anrösten lassen. Das

Paprikapulver darüber stäuben und mit Gemüsebrühe und Sahne aufgießen. Bei milder Hitze ca. 20 Minuten köcheln lassen.

4. Zum Schluss den Majoran und den Thymian hinzufügen und eventuell noch einmal mit Salz und Paprikapulver abschmecken.

Thai-Suppe mit Brotkonfetti

Zutaten für 4 Personen:

2 Scheiben Mehrkornbrot
80 g Cashewkerne
1 Knoblauchzehe
3 EL Pflanzenöl
2 kleine rote Paprikaschoten
250 g kleine Champignons
3 Frühlingszwiebeln
1 EL Mehl
1 Dose Kokosmilch
800 ml Geflügelbrühe
Currypaste
gemahlenes Zitronengras
Salz, Pfeffer

Zubereitungszeit:
ca. 30 Minuten

1. Das Brot in grobe Würfel schneiden, die Cashewkerne grob hacken. Den Knoblauch schälen und fein würfeln.

2. Zwei Esslöffel Öl in einer Pfanne erhitzen, alles knusprig anrösten, beiseite stellen und abkühlen lassen.

3. Die Paprikaschoten waschen, halbieren, vom Kerngehäuse befreien und das Fruchtfleisch in feine Streifen schneiden. Die Champignons putzen und je nach Größe halbieren oder vierteln. Die Frühlingszwiebeln putzen, waschen und schräg in Ringe schneiden.

4. Das restliche Öl in einem Topf erhitzen und die Paprikastreifen sowie die Champignons kurz andünsten. Die Frühlingszwiebeln dazugeben, Mehl darüber stäuben, kurz anrösten und mit Brühe sowie Kokosmilch aufgießen. Alles ca. 10 Minuten bei schwacher Hitze garen.

5. Die Suppe pikant mit Currypaste, Zitronengras, Salz und Pfeffer abschmecken, in Teller verteilen und mit der Brot-Nuss-Mischung bestreut servieren.

Currysuppe mit Apfel

Zutaten für 4 Personen:

1 Zwiebel
1 Knoblauchzehe
je 1 kleine rote, gelbe und grüne
Paprikaschote
1 Dose Kichererbsen
2 EL Sesamöl
600 ml Gemüsebrühe
1 Dose Kokosmilch
1 Flasche Kühne Gourmet
winterwürzig Curry mit Bratapfel
Chilipulver, Salz

Zubereitungszeit:
ca. 45 Minuten

1. Die Zwiebel und den Knoblauch schälen und fein würfeln. Die Paprikaschoten waschen, halbieren, vom Kerngehäuse befreien und das Fruchtfleisch ebenfalls in Würfel schneiden. Die Kichererbsen durch ein Sieb gießen und gut abtropfen lassen.

2. Das Öl in einem Topf erhitzen und die Zwiebel-, Knoblauch- und Paprikawürfel darin kurz andünsten. Mit Gemüsebrühe und Kokosmilch aufgießen und fünf Minuten köcheln lassen.

3. Curry mit Bratapfel und die Kichererbsen hinzufügen, miterhitzen und mit Chilipulver sowie Salz abschmecken.

Ramen-Nudelsuppe

Zutaten für 4 Personen:

200 g Blattspinat
1 Zwiebel
2 Knoblauchzehen
1 Chilischote
2 EL Sonnenblumenöl
1 TL Chinesisches Fünf-
Gewürze-Pulver
5–6 EL Sojasoße
4 EL Reiswein oder Sake
800 ml Hühnerbrühe
200 g Schweineschnitzel
250 g Ramen-Nudeln
2 Frühlingszwiebeln

Zubereitungszeit:
ca. 40 Minuten

1. Den Blattspinat verlesen, putzen und waschen. Die Zwiebel und den Knoblauch schälen und fein würfeln. Die Chilischote waschen, entkernen und in feine Würfel schneiden.

2. Das Öl in einem Topf erhitzen und die Zwiebel fünf Minuten darin andünsten. Dann Knoblauch, Chili sowie Fünf-Gewürze-Pulver hinzufügen und ca. eine Minute mit anrösten. Mit Soja-soße und Reiswein ablöschen, dann mit der Brühe aufgießen und 10 Minuten kochen.

3. Das Schweinefleisch in feine Streifen schneiden. Die Nudeln nach Packungsanweisung vorga-ren. Das Fleisch, die Nudeln und den Spinat in die Brühe geben und kräftig aufkochen lassen. Die Frühlingszwiebeln putzen, waschen und in Ringe schnei-den.

4. Die Suppe in Schalen füllen und mit den Frühlingszwiebeln bestreut servieren.

Orientalische Linsensuppe

Zutaten für 4 Personen:

200 g Hähnchenbrustfilets
1 EL Olivenöl
5 Tomaten
1 rote Paprikaschote
1 Dose Kichererbsen (240 g)
100 g rote Linsen
1 EL Tomatenmark
1 TL Zimt
1 Beutel Hühnersuppe
1 unbehandelte Zitrone

Zubereitungszeit:
ca. 35 Minuten

1. Die Hähnchenbrustfilets waschen, trockentupfen und in Würfel schneiden. Die Tomaten mit kochendem Wasser überbrühen, häuten, Kerne und Blütenansatz entfernen und das Fruchtfleisch in Würfel schneiden. Die Paprikaschote waschen, entkernen und ebenfalls würfeln.

2. Das Öl in einem Topf erhitzen und die Hähnchenwürfel darin anbraten. Die Tomatenwürfel und die Paprikawürfel hinzufügen, mit einem Liter Wasser auffüllen und aufkochen lassen.

3. Die Kichererbsen, die Linsen, das Tomatenmark und den Zimt ebenfalls zur Suppe geben und das Ganze zugedeckt ca. 10 Minuten köcheln lassen. Danach die Hühnersuppe einrühren, weitere fünf Minuten kochen lassen, dann in Teller füllen und mit je einer Zitronenspalte belegt servieren.

Pumpkin-Soup

Zutaten für 4 Personen:

500 g Kürbisfruchtfleisch
1 Zwiebel
250 g Möhren
1 Apfel
2 EL Kürbiskernöl
3 EL Kürbiskerne
Salz
½ TL gemahlener Ingwer
½ TL gemahlener Curcuma
2 Msp. geriebene Muskatnuss
½ TL gemahlener Cumin
⅛ l Apfelwein
½ l Gemüsebrühe
1 EL Sherry
3 EL Kräuter-Crème fraîche
1 EL grüner Pfeffer-Würzpaste
etwas getrocknete Petersilie

Zubereitungszeit:
ca. 40 Minuten

1. Das Kürbisfruchtfleisch in grobe Streifen schneiden. Die Zwiebel schälen und fein würfeln. Die Möhren und den Apfel schälen und grob raspeln.

2. Das Öl in einem Topf erhitzen und die Zwiebel darin glasig dünsten. Die Kürbisstreifen, Möhren- und Apfelraspel dazugeben und ein wenig mit andünsten. Die Gewürze hinzufügen, mit Apfelwein und Brühe aufgießen und ca. 15 bis 20 Minuten köcheln lassen. Danach mit einem Pürierstab fein pürieren.

3. Mit Sherry, etwas Crème fraîche und Würzpaste abschmecken, in Teller füllen und jeweils einen Klecks Crème fraîche in die Mitte setzen. Mit Kürbiskernen und Petersilie bestreut servieren.

Feurige Currysuppe

Zutaten für 4 Personen:

1 Zwiebel
1 Knoblauchzehe
1 Stück frischer Ingwer
1 rote Paprikaschote
100 g Zuckerschoten
300 g Hähnchenbrustfilets
1 Prise Cayennepfeffer
1–2 TL Currypulver
2 EL Speiseöl
Salz
1 Dose Kichererbsen
400 ml Kokosmilch
700 ml Geflügelbrühe
100 ml süße Sahne
1–2 TL rote Currypaste
2 EL Pinienkerne
100 g Leerdammer
etwas Zucker

Zubereitungszeit:
ca. 40 Minuten

1. Die Zwiebel, den Knoblauch und den Ingwer schälen und in feine Würfel schneiden. Die Paprikaschote waschen, entkernen und das Fruchtfleisch in Würfel schneiden. Die Zuckerschoten waschen und halbieren. Die Hähnchenbrustfilets waschen, trockentupfen, in Würfel schneiden und mit Cayennepfeffer und Currypulver würzen. Die Kichererbsen durch ein Sieb abgießen.

2. Das Öl in einem Topf erhitzen und die Fleischwürfel darin anbraten, danach herausnehmen und salzen. Die Zwiebel-, Knoblauch- und Ingwerwürfel in den Topf geben und kurz an-dünsten. Dann Paprikawürfel und Kichererbsen hinzufügen und ebenfalls kurz andünsten. Mit Kokosmilch, Geflügelbrühe und Sahne ablöschen, die Currypaste dazugeben und das Ganze ca. 10 Minuten köcheln lassen.

3. Die Pinienkerne grob hacken und in einer Pfanne ohne Fett etwas anrösten. Den Käse in Streifen schneiden. Die Zuckerschoten und die Hähnchenwürfel zur Suppe geben, mit Salz, Cayennepfeffer und Zucker pikant abschmecken. In Teller füllen und mit Käsestreifen und Pinienkernen bestreut servieren.

Asiasuppe mit Reis

Zutaten für 4 Personen:

2 Schalotten
1 Knoblauchzehe
1 Stange Lauch
1 Möhre
200 g Hähnchenbrustfilets
1 EL Sesamöl
¾ l Gemüsebrühe
¼ l Kokosmilch
100 g Basmati & Thai-Reis
Salz
Pfeffer
½ TL Currypulver
½ TL Cayennepfeffer
½ TL gemahlener Ingwer
2 Msp. Kurkuma
2 Limetten
3 EL Mandelblättchen

Zubereitungszeit:
ca. 35 Minuten

1. Die Schalotten und den Knoblauch schälen und fein würfeln. Den Lauch putzen, die Möhre schälen, beides waschen und in Streifen schneiden. Die Hähnchenbrustfilets waschen, trockentupfen und in Würfel schneiden.

2. Das Öl erhitzen und die Fleischwürfel darin anbraten, die Schalotten, den Knoblauch, die Lauch- und Möhrenstreifen dazugeben und andünsten. Mit Brühe und Kokosmilch aufgießen, den Reis hinzufügen und das Ganze 5 bis 10 Minuten garen.

3. Die Suppe mit den Gewürzen und Limettensaft pikant abschmecken. Die Mandelblättchen in einer Pfanne ohne Fett etwas anrösten, die Suppe in Schalen füllen und mit Limettenscheiben und Mandelblättchen bestreut servieren.

Glasnudelsuppe

Zutaten für 4 Personen:

1 Bund Frühlingszwiebeln
150 g Zuckerschoten
250 g Möhren
200 g Shiitake-Pilze
100 g Glasnudeln
250 g Hühnerbrustfilets
2 EL Sesamöl
1 ½ l Hühnerbrühe
Sojasoße
Salz
½ TL Zucker
frisch gemahlener Pfeffer
1 TL frischer Ingwer

Zubereitungszeit:
ca. 50 Minuten

1. Die Frühlingszwiebeln putzen, waschen und in feine Ringe schneiden. Die Zuckerschoten ebenfalls putzen und waschen. Die Möhren schälen und in feine Scheiben schneiden. Die Ingwerwurzel schälen und fein reiben.

2. Die Shiitake-Pilze nicht waschen, besser mit einem Bürstchen von Schmutz befreien, danach in Scheiben schneiden. Die Glasnudeln mit kaltem Wasser abspülen. Die Hühnerbrustfilets in Würfel schneiden.

3. Das Öl in einem Topf erhitzen und das Hühnerfleisch darin von allen Seiten anbraten. Mit der Hühnerbrühe ablöschen und kräftig aufkochen lassen. Danach die vorbereiteten Gemüse, Nudeln und Pilze dazugeben und weitere 10 Minuten köcheln lassen.

4. Zum Schluss die Suppe mit Sojasoße, Salz, Zucker, Pfeffer und dem geriebenen Ingwer pikant abschmecken.

Kürbissuppe mit Mandelklößchen

Zutaten für 6–8 Personen:

Für die Suppe:
600 g Kürbisfleisch
1 Knoblauchzehe
2 Zwiebeln
1 TL Fenchelsamen
1 EL frischer, gehackter Ingwer
2 EL Butter
100 ml Weißwein
1 l Hühnerbrühe
200 g süße Sahne
Salz
Pfeffer
Zimt
2 EL Kürbiskernöl
Mandelblättchen

Für die Klößchen:
100 g Butter
3 Eigelb
100 g gemahlene Mandeln
Salz
Pfeffer
Muskat

Zubereitungszeit:
ca. 50 Minuten
(ohne Ruhezeit)

1. Die Butter schaumig rühren und 2 EL gemahlene Mandeln dazugeben. Dann die Eigelbe einzeln unterziehen. Mit den restlichen Mandeln verkneten und mit Salz, Pfeffer sowie Muskat abschmecken. Den Teig zwei Stunden kühl stellen, danach mit angefeuchteten Händen kleine Klößchen formen und kühl stellen.

2. Den Knoblauch und die Zwiebeln schälen und fein würfeln. Den Fenchelsamen im Mörser zerstoßen. Alles zusammen mit dem gehackten Ingwer ca. zwei Minuten in Butter anschwitzen. Das Kürbisfleisch grob zerkleinern, hinzufügen und weitere fünf Minuten dünsten. Danach mit Weißwein ablöschen und diesen vollständig einkochen lassen. Mit der Brühe auffüllen und 20 Minuten weich kochen.

3. Das Ganze mit einem Pürierstab fein pürieren, die Sahne dazugeben und mit Salz, Pfeffer sowie einer Prise Zimt abschmecken. Die Mandelklößchen in Salzwasser 10 Minuten leicht köcheln.

4. Die Suppe in Teller oder Schalen verteilen, die Mandelklößchen hineingeben und mit Kernöl beträufelt und mit Mandelblättchen bestreut servieren.

Asiatische Suppe mit Knusperfisch

Zutaten für 3 Personen:

1 rote Paprikaschote
1 Möhre
100 g Zuckerschoten
2 EL Sesamöl
750 ml Wasser
1 Beutel Asia-Suppe
250 g Rotbarschfilet
1–2 TL Fleischwürzmischung
1 Ei
100 g Mehl
1 TL Backpulver
4 EL Sonnenblumenöl

Zubereitungszeit:
ca. 25 Minuten

1. Die Paprikaschote waschen, entkernen und das Fruchtfleisch in Würfel schneiden. Die Möhre putzen, waschen, schälen und in Streifen schneiden. Die Zuckerschoten waschen, putzen und schräg halbieren.

2. Das Sesamöl in einem Topf erhitzen und die Gemüse kurz darin andünsten. Mit Wasser aufgießen, die Asia-Suppe einrühren und bei geringer Hitze fünf Minuten kochen.

3. Das Rotbarschfilet waschen, trockentupfen, in Würfel schneiden und mit dem Fleischwürzer einreiben. Das Ei mit Mehl, Backpulver und 150 ml Wasser zu einem glatten Teig rühren und die Fischwürfel hindurchziehen.

4. In einer Pfanne das Öl heiß werden lassen und die Fischwürfel darin goldbraun braten. Die Suppe in Tellern anrichten und mit den gebratenen Fischwürfeln servieren.

Sommer-Eintopf mit Käseklößchen

Zutaten für 4 Personen:

1 kg Suppenfleisch
Salz
1 l Wasser
1 Stange Lauch
3 Karotten
2 Zwiebeln
½ Sellerieknolle
1 Petersilienwurzel
3–4 Liebstöckelblätter
1 Bund Petersilie
1 Lorbeerblatt
4 Nelken
1 EL schwarze Pfefferkörner

Für die Käseklößchen:
¼ l Milch
40 g Butter
Salz
160 g Mehl
100 g geriebener, alter Gouda

Zubereitungszeit:
ca. 1 ½ bis 2 Stunden

1. Das Suppenfleisch in kaltem Wasser mit etwas Salz aufsetzen. Nach dem ersten Aufkochen die Temperatur reduzieren und bei schwacher Hitze ca. 1 bis 1 ½ Stunden kochen lassen. Wenn sich während des Kochens Schaum bildet, immer wieder mit einer Suppenkelle abschöpfen, damit die Brühe klar bleibt.

2. Zwischenzeitlich das Gemüse waschen, putzen, schälen und in mundgerechte Stücke schneiden. Die Kräuter waschen, trockenschütteln und grob hacken.

3. Ungefähr 30 bis 40 Minuten vor Ablauf der Garzeit das vorbereitete Gemüse, die Kräuter und die Gewürze hinzufügen und, wenn nötig, etwas nachsalzen.

4. Für die Käseklößchen die Milch zusammen mit Butter und Salz aufkochen. Das Mehl mit einem Schneebesen einrühren und so lange rühren, bis die Masse zäh wird und sich eine Schicht am Topfboden bildet. Den Topf vom Herd nehmen, den Käse und das Ei gut unterrühren und auskühlen lassen.

5. Nach Ende der Garzeit das Fleisch aus der Brühe nehmen, in mundgerechte Stücke schneiden und wieder zurück in den Topf geben. Mithilfe von zwei Teelöffeln von der Käsemasse kleine Portionen abstechen, zu Klößchen formen und in die Suppe einlegen. Sobald diese nach oben steigen, sind sie gar und der Eintopf kann serviert werden.

Linsensuppe mit Bananen

Zutaten für 4 Personen:

300 g Linsen
1 l Gemüsebrühe
200 g Rostbratwürstchen
1 Zwiebel
2 Karotten
4 Bananen
1 EL Olivenöl
Salz
Pfeffer
etwas brauner Zucker
2 EL Essig

Zubereitungszeit:
ca. 50 Minuten

1. Die Linsen in einen großen Topf geben, mit der Gemüsebrühe auffüllen, umrühren, zum Kochen bringen und einmal aufwallen lassen. Anschließend die Temperatur reduzieren und bei schwacher Hitze zugedeckt ca. 30 Minuten köcheln lassen. Zwischendurch immer wieder umrühren.

2. Die Zwiebel und die Karotten schälen und in kleine Würfel schneiden. Die Würstchen und die Bananen in Stücke schneiden.

3. Das Öl in einer Pfanne erhitzen, die Zwiebel, die Karotten und die Würstchen dazugeben und anbraten.

4. Das Ganze in den Topf mit den Linsen geben, mit Salz und Pfeffer würzen und ca. 10 Minuten köcheln lassen. Nach fünf Minuten die Hälfte der geschnittenen Bananen hinzufügen und mitkochen.

5. Vor dem Servieren die restlichen Bananen darunter mischen, mit Zucker und Essig abschmecken.

Bohnen-Kartoffel-Eintopf

Zutaten für 4 Personen:

500 g grüne Bohnen
750 g mehlig kochende
Kartoffeln
2 Knoblauchzehen
200 g durchwachsener Speck
1 EL Butter
1 l Hühnerbrühe
1 Bund Bohnenkraut
Salz
Pfeffer

Zubereitungszeit:
ca. 60 Minuten

1. Die Bohnen putzen, Fäden abziehen, waschen und halbieren. Die Kartoffeln schälen und in Würfel schneiden. Den Knoblauch ebenfalls schälen und fein würfeln. Den Speck grob würfeln. Das Bohnenkraut waschen und trockenschütteln.

2. Die Butter in einem Topf erhitzen und den Speck zusammen mit dem Knoblauch darin andünsten. Die Brühe dazugie-

ßen und aufkochen lassen. Danach Bohnen, Kartoffeln sowie Bohnenkraut hinzufügen und ca. 20 Minuten köcheln lassen.

3. Nach Ablauf der Garzeit die harten Stängel des Bohnenkrauts entfernen, die Suppe mit Salz und Pfeffer abschmecken und servieren.

Graupentopf

Zutaten für 4 Personen:

100 g Graupen
2 Karotten
1 Zwiebel
1 Stange Lauch
200 g Sellerie
1 Lorbeerblatt
4 Stängel Liebstöckel
2 Kabanossi
1 l Fleischbrühe
1 EL Butterschmalz
Salz
Pfeffer

Zubereitungszeit:
ca. 55 Minuten

1. Die Karotten schälen und in Scheiben schneiden. Den Lauch putzen, längs halbieren, waschen und in Streifen schneiden. Die Zwiebel schälen und fein hacken. Den Sellerie schälen und in 1 cm dicke Würfel schneiden. Den Liebstöckel abbrausen, die Blätter von den Stielen zupfen und vier davon für die Dekoration beiseite legen. Die Kabanossi in Scheiben schneiden.

2. Das Schmalz in einem Topf erhitzen, die Zwiebel darin andünsten, mit der Fleischbrühe aufgießen. Die Graupen, das Lorbeerblatt und den Liebstöckel zugeben, ca. 30 Minuten köcheln.

3. Die Karotten sowie den Sellerie in den Topf geben und weitere 10 Minuten garen. Die Kabanossi hinzufügen und das Ganze mit Salz und Pfeffer abschmecken.

4. Zum Schluss alles in Teller verteilen und mit dem Liebstöckel garniert servieren.

Senf-Gemüsetopf

Zutaten für 4 Personen:

500 g Schweinebauch
1 l Wasser
1 TL Senfkörner
1 Lorbeerblatt
2 Nelken
3 Pimentkörner
1 TL Pfefferkörner
200 g Bohnen
200 g Karotten
1 TL Senfmehl
2 Stängel Liebstöckel
Salz
Pfeffer

Zubereitungszeit:
ca. 80 Minuten

1. Den Schweinebauch mit kaltem Wasser aufsetzen. Die Senfkörner, das Lorbeerblatt, die Nelken, die Piment- und Pfefferkörner hinzufügen und das Fleisch ca. 60 Minuten kochen.

2. Zwischenzeitlich die Bohnen putzen, waschen und grob zerkleinern. Die Karotten schälen und in mundgerechte Stücke schneiden.

3. Nach Ablauf der Garzeit das Fleisch aus der Brühe nehmen und in Würfel schneiden. Die Brühe durch ein Sieb in einen neuen Topf gießen. Die Bohnen und die Karotten dazugeben und noch einmal 10 Minuten kochen. Kurz vor Ende der Garzeit den Liebstöckel hinzufügen, das Senfmehl unterrühren und mit Salz sowie Pfeffer abschmecken.

4. Das geschnittene Fleisch wieder zur Suppe geben, heiß werden lassen und sofort servieren.

Linseneintopf mit Tofu

Zutaten für 4 Personen:

500 g Linsen
2 Karotten
300 g Kartoffeln
2 Stangen Staudensellerie
1 Stange Lauch
1 Zwiebel
1 l Gemüsebrühe
1 Chilischote
1 EL Butter
1 TL Thymian
½ Bund Petersilie
Salz
Pfeffer
1 EL Öl
200 g Tofu

Zubereitungszeit:
ca. 55 Minuten

1. Die Karotten und die Kartoffeln schälen und in Würfel schneiden. Den Staudensellerie und den Lauch putzen und in Ringe schneiden. Die Zwiebel schälen und grob hacken. Die Chilischote der Länge nach halbieren, die Kerne entfernen und das Fruchtfleisch in feine Streifen schneiden.

2. Thymian und Petersilie waschen, trockenschütteln und grob hacken.

3. Die Butter in einem Topf erhitzen, die Zwiebel dazugeben und glasig dünsten. Die Brühe hinzufügen und die Linsen unter-

rühren. Ca. 45 Minuten köcheln lassen, dabei gelegentlich umrühren.

4. Nach 30 Minuten das Gemüse und die Gewürze dazugeben und so lange weiterkochen, bis die Kartoffeln gar sind. Mit Salz und Pfeffer abschmecken.

5. In der Zwischenzeit den Tofu in 1 cm große Würfel schneiden. Das Öl in einer Pfanne erhitzen und die Tofuwürfel darin von allen Seiten anbraten. Die Linsensuppe in Tellern anrichten, die Tofuwürfel darüber geben und servieren.

81

Lammeintopf mit Mandeln

Zutaten für 4 Personen:

500 g Lammfleisch
500 ml Wasser
400 g grüne Bohnen
2 Karotten
4 Kartoffeln
2 Knoblauchzehen
1 Zwiebel
150 g geschälte Mandeln
Salz
Pfeffer

Zubereitungszeit:
ca. 40 Minuten

1. Das Wasser zum Kochen bringen, dann das Lammfleisch hineingeben und ca. 20 Minuten köcheln.

2. Die Bohnen putzen und in 3 cm lange Stücke schneiden. Die Kartoffeln schälen und in 1 cm dicke Würfel schneiden. Die Karotten, die Zwiebel und die Knoblauchzehen schälen und in Scheiben schneiden.

3. Das Lammfleisch aus der Brühe nehmen und in mundgerechte Stücke zerteilen.

4. Das Gemüse und die Mandeln in die Fleischbrühe geben und ca. 10 Minuten darin köcheln lassen. Mit einer Gabel die Hälfte der Kartoffeln zerdrücken, damit der Eintopf sämiger wird. Die Fleischstücke wieder dazugeben und mit Salz sowie Pfeffer abschmecken.

Maiseintopf mit Ochsenbein

Zutaten für 4 Personen:

1 kg Ochsenbein
1 ½ l Wasser
2 große Zwiebeln
1 Lorbeerblatt
6 Pfefferkörner
2 Nelken
3 gelbe Paprikaschoten
1 große Dose Schnittbohnen
2 kleine Dosen Mais
125 g Blütenzarte Haferflocken
Salz
Pfeffer
2 EL gehackte Petersilie

Zubereitungszeit:
ca. 2 ½ Stunden

1. Das Fleisch mit kaltem Wasser aufsetzen und zum Kochen bringen. Zwischenzeitlich die Zwiebeln schälen und vierteln. Zusammen mit dem Lorbeerblatt, den Pfefferkörnern, etwas Salz sowie den Nelken zum Fleisch geben, die Hitze reduzieren und ca. zwei Stunden köcheln lassen.

2. Die Paprikaschoten waschen, die Kerne entfernen und das Fruchtfleisch in kleine Würfel schneiden. Die Schnittbohnen durch ein Sieb abgießen und gut abtropfen lassen.

3. Nach Ablauf der Garzeit das Fleisch aus der Brühe nehmen und in mundgerechte Stücke schneiden. Die Brühe durch ein Haarsieb in einen neuen Topf gießen, die Haferflocken sowie die Paprikawürfel hinzufügen und weitere 20 bis 30 Minuten köcheln lassen, dabei gelegentlich umrühren.

4. Etwa 10 Minuten vor Garende die Bohnen und den Mais mit der Flüssigkeit sowie die Fleischstücke zum Eintopf dazugeben und heiß werden lassen. Mit Salz und Pfeffer nachwürzen und mit der gehackten Petersilie bestreut servieren.

REGISTER

© 2005 SAMMÜLLER KREATIV GmbH

Genehmigte Lizenzausgabe
EDITION XXL GmbH
Fränkisch-Crumbach 2005
www.edition-xxl.de

Layout und Satz: Nadine Meisinger
Umschlag: Henrik Stürzebecher

ISBN 3-89736-096-9

Wir danken folgenden Firmen für ihre freund-
liche Unterstützung:

Food in Wort und Bild, Wismar
  6 – 9, 14, 17, 18, 19, 26, 32, 39, 40, 41,
  50, 57, 58, 60, 61, 62, 77, 79, 80, 81, 82
Frau Antjes Feinschmecker-Studio, Aachen
  76
Herbert Wirths PR, Fischach
– Grünland 44
– Rotkäppchen 43
– Saliter 45
ipr, Hamburg
– Australische Macadamias 34
Ketchum GmbH, München
– Bad Reichenhaller 25, 29, 38, 48, 52,
    65, 73, 78
– Californische Mandeln 74
– CMA Butterschmalz 33, 56

– CMA Deutsche Butter 30, 36
– CMA Deutscher Käse 20
– Kikkoman 42, 68
Maggi Kochstudio, Frankfurt 51, 69, 75
Peter Kölln, Köllnflockenwerke 83
The Food Professionals Köhnen GmbH,
Sprockhövel
– Goldpuder 23
– Wasa 27
– Erdgas 28, 46, 47, 64
– Lieken Urkorn 66
– Kühne 67
– Leerdammer® Caractère 71
– Fuchs-Gewürze 15, 16, 35,
    59, 70
– Uncle Ben's 21, 49, 72
– Galbani 22, 24, 37
alle weiteren Fotos
© SAMMÜLLER KREATIV GmbH